LOS POEMAS
DE UNA VIDA

ExLibric

FRANCESCA VALENTINA MÉNDEZ

LOS POEMAS
DE UNA VIDA

EXLIBRIC

ANTEQUERA 2024

LOS POEMAS DE UNA VIDA
© Francesca Valentina Méndez
Diseño de portada: Dpto. de Diseño Gráfico Exlibric

Iª edición

© ExLibric, 2024.

Editado por: ExLibric
c/ Cueva de Viera, 2, Local 3
Centro Negocios CADI
29200 Antequera (Málaga)
Teléfono: 952 70 60 04
Fax: 952 84 55 03
Correo electrónico: exlibric@exlibric.com
Internet: www.exlibric.com

ISBN: 978-84-10297-74-6
Depósito Legal: MA-2383-2024

Impresión: PODiPrint
Impreso en Andalucía – España

Nota de la editorial: ExLibric pertenece a Innovación y Cualificación S. L.

FRANCESCA VALENTINA MÉNDEZ

LOS POEMAS
DE UNA VIDA

LOGROS

Mis sueños.
Mis metas.
Mi día a día.
Mis pasiones quedan escritas.

¿CÓMO OLVIDARTE?

¿Cómo olvidarte,
cuando vives en mi mente y mi corazón?
¿Cómo olvidarte,
cuando todo el mundo me dice
que soy tu reencarnación?
¿Cómo olvidarte,
cuando siempre que algo hago me dicen
que tú también lo hacías?
¿Cómo no amarte,
si no amarte sería no amarme?
¿Cómo no amarte,
si no amarte sería dañarme?
¿Cómo no extrañarte,
si no conocerte sería no conocerme?
¿Cómo no extrañarte,
si siempre que me veo al espejo te veo?
¿Cómo olvidarte,
si olvidarte será olvidarme?

Te extraño en vano

Extraño las videollamadas.
Extraño tu locura.
Extraño tu existencia
y cómo me llamabas «mi reina».
Extraño los abrazos
que nunca me diste,
pero leí al irte por siempre.
Aunque nunca te conocí,
siempre te extrañaré.
Aunque sea en vano, ya que esto nunca pasó.
Aunque mi mente te recuerda,
nunca exististe.

Aunque no te conocí

Aunque no te conocí, te extraño y te amo.
Pero ¿cómo no extrañarte, si todos te ven en mí?
¿Cómo no amarte, si tu locura es la mía?
¿Cómo no extrañarte, si tu carácter es el mío?
Dicen que me parezco más a ti que a mis padres.
¿Cómo no extrañarte, si amaría conocerte,
ya que sería conocerme en un pasado?

EL DESTINO

Si el destino nos junta,
viviré felizmente agradecido.
Si el destino nos separa, viviré buscándote,
luchando contra aquel traidor que nos separó,
amándote y extrañándote.
Yo siempre seré aquel
que te conoce de pies a cabeza,
aquel que sabe quién eres entre millones.
Aun estando ciego, te reconocería,
ya que amor como el mío
ya nadie tiene.
Si algún día te pierdes a ti,
yo te ayudaré a recordarte y encontrarte,
ya que amor como el mío
ya no existe.

LA ILUSIÓN DEL AMOR

El amor es una ilusión.
Una cara de ángel caído.
Un arcoíris en blanco y negro.
Una sonrisa con ojos tristes.
Una mirada de ilusión que el tiempo mató.
Unos ojos de inocencia llorando por la realidad.
Una sonrisa sincera triste por la falsedad.

VIDA EFÍMERA

La vida es tan efímera
que tan solo el sol y la luna son testigos
de aquella vida que se escapa,
tan efímera que es nada.
Solo la luna es testigo
de momentos de amor.
La vida es tan efímera
que solo el sol es testigo
de aquel robo de la vida.
La vida es tan efímera
que no vimos el principio
ni veremos el final.

Letras de amor

A veces leo tanto
que me envuelvo entre letras y tinta.
Me creo la gran mentira que está escrita en tinta.
Esas letras son tan bonitas que me ilusionan.
Aquella ilusión que puede ser tu maldición
o tu gran amor.
Ese amor que todos quieren, pero pocos tienen
o creen tener.
Tal vez soy muy pequeña,
con un amor muy inocente.

Falso amor

Dicen que si amas tienes que dejar ir.
Yo creo que un cobarde lo dijo
para tapar su estupidez.
Porque cuando amas, amas con todo.
Si dejas ir por errores, no amas.
Si dejas ir por el destino, no amas.
Si dejas ir por tiempo, no amas.
Si dejas ir por dinero, no amas.
Si dejas ir por espacio, no amas.
Cuando amas luchas contra todo y todos.
Cuando amas siempre hay tiempo.
Cuando amas no hay error que valga.
Cuando amas da igual el dinero o la edad.
Cuando amas da igual el espacio que los separa.
Cuando amas en verdad, nunca hay excusas.
Solo gente fingiendo amar entre excusas.

TUS OJOS

Tus ojos color azul marino.
Cada vez que los veo,
veo el mar y la tristeza en ellos
Tus ojos color miel.
Cada vez que los veo,
veo tu ilusión y amor.
Tus ojos color café.
Parecen comunes,
pero yo veo tu ser.
Tus ojos de heterocromía.
En uno veo tu ser
y en el otro, tu ilusión y tu amor.
Todos tenemos ojos,
pero cada uno es distinto, distinto ser.

EL TIEMPO ESCRITO

Los libros que escribo
son testigos de lo que he pasado,
son frustraciones y decepciones,
son futuros logros,
y por ello
mis pasiones quedarán escritas.
Son los libros, que quedan de testigos
del amor y el dolor que he pasado.

ILUSIÓN DE UN FALSO AMOR

Te amé tanto que te di el poder
de herirme pensando que me amabas.
Cuando me heriste, me traicionaste,
pero te amé tanto que no podía creerlo.
Me da coraje seguirte amando.
Tus recuerdos atormentan mi sueño
y espero seguir sin llegar a morir.
Ya no creo en el amor, me parece
que todo es una ilusión.

Esperando que me ames

Llorando sin razón,
vivo buscando tu calor,
anhelando que aquí estés,
viendo el cielo,
esperando encontrarte,
buscando razones para no amarte,
esperando un abrazo de tu corazón.
Vivo gritándote
que aquí estoy.
Esperando tu regreso estoy,
queriendo encontrarte.
¿Lograré encontrarte este año?
No sé, esperando estoy
sin cerrar la puerta del amor

HACKEO MENTAL

Odio cuando mi mente me intenta hackear.
Es jugar al ajedrez
estando condenado a perder.
Se repiten los peores acontecimientos,
pensando que nadie te amará,
que todo el mundo te odia.
Lo peor es jugar
sabiendo que sabe tus puntos débiles,
intentar ganar sabiendo que vas a perder.
Las lágrimas salen intentando olvidar,
sabiendo que olvidar no es opción.
Solo queda superar.
Y cuando crees ganar,
te vuelve a atormentar

Sentimientos de superación

Lo importante es no rendirte,
superando las dificultades,
llorando por la frustración,
muriendo de miedo,
rezando por no perder,
solo leyendo los párrafos
entre lágrimas, pensando:
¿me ganará la desesperación
o ganaré yo?
Solo esperando que el futuro
decida entre una de ellas.
¿Pero para qué estoy?
Solo ganar estoy esperando.

Es duro seguir

Porque el tiempo no sana,
solo pasa,
esa es la gran mentira.
La vida te golpea,
te tumba
y te hará rendirte.
Si sigues serás mejor,
más fuerte,
aprenderás
y no te rendirás.
La mirada en el presente,
el regalo de la vida,
Solo superando las dificultades,
amando y curando las heridas,
superándome más que ayer.
Pero nada importa más que
ser feliz cada mañana.

MIEDO

A veces saltar sin paracaídas es tan difícil
como hacer algo sin saber el final.
Esperando que salga bien,
pero solo pensando en el final
y no en el proceso sabiendo que es lo más difícil.
Entre niebla está tu mente,
rezando por aclarar,
navegando sin saber el camino
y esperando que el fin sea feliz.

Heridas del alma

Esas heridas que duelen sin sangre
y arden sin alcohol,
que no se olvidan, se superan.
Solo queda aprender a amarlas,
que cuando recuerdes no llores.
Un día sonreiré, reiré y recordaré,
me asombraré de la felicidad.
Me pregunto: ¿lo lograré?
¿Lograré recordar sin llorar,
amar ese día?
Porque por él estoy donde estoy.
Es muy difícil amarlas, pero no imposible.
¿Lograré amar y curar las heridas del alma?

VIDA Y MUERTE

Viví sabiendo que moriría.
Morí esperando vida.
Viví esperando muerte.
Tal vez la vida es muerte.
Tal vez la muerte es vida.
Cuando morí, la vida me llamó.
Viviendo, la muerte me dijo: «Aquí estoy».
Muriendo, tuve paz
y el tormento no me llamó más.
Alguien dijo:
«La muerte es tan hermosa
que nadie quiere regresar,
y la vida tan horrorosa
que todos se van».

Enanita gruñona

Eres como un osito lindo,
pero también eres fría como el hielo,
rozando la psicopatía,
pero muy buena,
con un corazón noble,
pero con espinas.
Un pajarito que ama su bandada
y su soledad por igual.
He visto tu sonrisa y tus ojos iluminando,
tan bonitos que son envidiados.
Tu corazón rozando el odio y el amor
es el mejor.
Por eso amo a la persona que sos,
iluminando más que el sol,
más ruda que el diablo.
Te quierooo.
Por un año más juntas,
enanita gruñona.

Mi niña de ojos marrones

Me encantan esos ojazos marrones,
aquellos que parecen comunes,
pero en los que yo veo tu ser.
Eras fría y ahora como un dulce caramelo.
Esa sonrisa me hace olvidar el dolor.
En ti veo tu inocente corazón,
la alegría en personificación.
Haces que todo se vea con ilusión.
Eres aquella persona inolvidable
por ese corazón.
Por ello no te dejaría escapar.
Eres la ilusión que mantiene
con vida mi corazón.

YHWH
30/12/23
For another year together my love ♥ ♥ ♥

LA LOCURA DEL AMOR

La locura de mi corazón
me impide dejarte de amar.
Pero cómo no, si nuestra
locura de amor es inolvidable.
Mi amor es tan fuerte
como mi locura,
y estoy de manicomio.
Vivo esperanzado en
tu corazón,
que me ames como te amo yo,
buscando un espacio para los dos.
Pero el destino nos quiere separados
a los dos.
Pero
te amo con tanta locura
que ni Dios
ni el diablo
separan nuestras almas, ¡por Dios!
Amando vivo en tu corazón.
¿Cómo olvidar nuestro amor?

TU CAOS, MI PAZ

Un día me dijiste que odiabas tu caos.
¿Cómo te explico que yo lo amo?
Ese caos que tanto odias es una parte de ti,
y yo te amo a ti.
¿Cómo explicarte que tu caos es mi paz?
Por ello sé de lo que eres capaz,
que tu amor es sincero,
que me amas con locura,
como yo a ti,
y sabes que no miento,
que me soy fiel.

YHWH

LOS RECUERDOS SON FANTASMAS

Aquel fantasma me atormenta
cada noche,
cada día,
cada hora,
cada minuto.
¿Cómo me puede atormentar
ese fantasma que no existe?
Es peor que un fantasma.
Son los recuerdos de aquel amor
que fue todo
y ya no es nada.
O que pudo ser todo
y no fue nada.
Nunca supimos qué fuimos,
o si fuimos algo.
Y por aquella duda,
aquellos recuerdos me atormentan.
Como si fueras un fantasma,
me quieres atormentar.
Sigo bailando como en aquel recuerdo.
Llorando.
Cantando.
Recordando aquel día.

TUS FALTAS DE AMOR

Cuando amas en verdad, nunca hay excusas,
solo gente fingiendo amar entre excusas.
Tal vez pusiste tantas excusas
que tu amor se perdió entre ellas.
O tal vez nunca amaste
y por ello excusas tu falta de amor.
No puedo creer que, en realidad,
nunca me amaste como yo a ti.

LA PARTIDA DE TU AMOR

Quise guardar la nieve entre mis manos,
al igual que tu amor,
esperando que no se fuera de mi corazón.
Pero como el fuego se fugó,
dejando cenizas que solo ahogan.
Aquel corazón, esperando tu amor,
llorando tu partida se rompió.
Nunca sanó.
Pero olvidó su amor.

YHWH

FIN DEL AMOR

Tal vez el amor se murió
o la ilusión se acabó.
El destino nos separó.
Tal vez nunca existió.
El tiempo acabó
nuestro amor
y puso fin a la relación.

MIS LÁGRIMAS CAEN

Mis lágrimas caen
como las gotas de las nubes.
Mis sonrisas son regaladas
como el amanecer de cada mañana.
Mi tristeza se esconde
como la luna al día.
Busco el bien
como el sol iluminar.

Mi expresión del dolor

El dolor me destroza.
Intento cerrar los ojos
y pensar que ya pasará.
Duele como una aguja entrando y saliendo.
Duele pensar que a lo mejor nunca sanaré.
Duele pensar en el fin viviendo el proceso.
Duele intentar ser feliz llorando.
Intentaré vivir muriendo.
Muriendo llegaré a vivir,
ya que
por algo viví sabiendo que moriría.

EL MISTERIO DE LA MUERTE

Cuando muramos
nadie sabrá qué pasó
por aquella loca mente,
si sufrió o vivió con ilusión,
si amó o lloró el desamor,
si vivió el futuro,
si vivió el presente
o si vivió el pasado.
Nunca sabremos lo que pasó
por aquella mente,
siempre será un misterio,
porque ni lo vivido queda escrito
ni lo escrito fue vivido.

ERRORES

Todo se puede.
Qué hermosos son esos errores
que pasan por la vida.
Duelen, pero son malditamente hermosos.
Pero cuando te destrozan
tan fuerte que parece
que te matan,
es para construirte
más alto y fuerte.

VI EL TIEMPO PASAR

Siento que el tiempo se escapa.
Le grité: «¡PARA!».
Y me dijo: «¡Yo no puedo parar!».
Le pregunté: «¿Por qué?».
Me dijo: «Si parara, no valorarías nada».
Y me quedé callada,
porque la razón tenía.
Solo el tiempo te hace valorar
y solo al pasar lo recordarás.

¿DÓNDE VIVIRÉ?

No sé dónde vivir:
si vivir en el pasado,
si vivir en el futuro
o si vivir el presente.
Donde quiera mi mente,
esperando que se decida
por el presente,
ya que dicen que es el regalo
de la vida.
Pero seré paciente y esperaré
a que decida mi mente.

VIDA INCIERTA

Esta puede ser la historia de mi vida,
solo que está escrita en prosa
difícil de descifrar,
una preciosa lectura.
Tal vez parece raro,
tal vez parece lindo,
tal vez no importe.
Esa respuesta solo el futuro la sabe.

AMOR

Vi a la persona que amé irse llorando.
Le dije: «¿Por qué me abandonas
si se supone que me amas?».
Me dijo que algún día entendería.
No entendí hasta que regresó;
por mí lo hizo, porque me ama.
Yo solo lloraba y tomaba mientras no estaba,
pero nunca pude olvidarla,
y cuando regresó solo herido me sentía.
Me dijo: «Pensé que era lo mejor para ti»,
y yo lloré.
Qué bonito que alguien se sacrifique por ti,
que te ame tanto.
Tal vez no salió como ella esperaba,
pero, como dicen, la intención es lo que cuenta,
y por siempre te amaré.

MIS OÍDOS DUELEN

De mis oídos sale sangre,
de mis ojos salen lágrimas de sangre,
mis oídos explotan de sonidos fuertes.
Debajo de la manta para amortiguar el sonido,
llorando para que pasen rápido esos días
en que la pirotecnia me arruina la vida.
Llorando por mis oídos en esos días.

Un adiós y un hola

Un adiós a 2023
y un hola a 2024,
esperando un año nuevo
lleno de amor e ilusiones.
Besos y abrazos este fin de año.

HACIENDO UN SUEÑO REALIDAD

Mi mente llena de malas situaciones,
esperando que todo fuera como en los cuentos,
intentando un sueño que parece solo eso,
un sueño,
haciendo lo imposible para que se cumpla,
para que deje de ser solo un sueño
y sea lo que tanto anhelo:
una vida en esa realidad.

¿POR QUÉ PREFIERO EL FRÍO?

Mucha gente me pregunta
por qué prefiero el amor de alguien frío.
Y yo siempre respondo:
«Alguien que fue herido ama con más intensidad
que uno que no sufrió».
Las personas frías aman más bonito,
pero se valoran y no dan amor a cualquiera.
Su aparecía engaña:
por fuera, irrompibles; por dentro,
un amor más tierno que el sol.
Ellos sí saben representar el amor.

CON ESMERO ESPERO

Harta de ese tiempo de espera
para saber si es un paso más a mis sueños
o es un paso hacia atrás,
un paso que me distancia más de ellos;
aquellos sueños que con tanto esmero persigo,
rezando y rogando,
esperando que algún día se cumplan todos ellos,
que el esfuerzo tenga recompensa.
Y aunque nunca la tuviera,
la experiencia de intentarlo
será mejor que la de no hacerlo.
Aquella experiencia mataría mi curiosidad
y, como persona curiosa,
es mejor intentarlo que no.
Me perderé y encontraré en el mismo camino.
Tal vez no sea una línea recta,
pero será como tendrá que ser,
será como mi destino decida.
Será imperfectamente perfecta, como lo soy yo.

Si el mundo se termina

Si el mundo se termina,
alegremente orgullosa diré
que fui como debí ser,
no como la gente dice que tengo que ser.
Tal vez fue difícil a veces,
pero soy como soy y fui como fui.
Intenté ser real y representar cómo me sentía,
y reconozco que a veces fallé,
pero ¿quién es perfecto?
Nunca nadie lo fue y nunca nadie lo será.
Si el mundo se termina,
alegremente diré que fui feliz,
estuve triste y me reí,
viví como quería y no como querían.
Si el mundo termina,
alegremente diré que,
aunque mi mente me hackeaba,
no dejé de ser quien debía ser.
Debía ser yo.
Tal vez soy/fui rara, loca, feliz o triste.
Debía ser quien era,
quien soy,
quien seré.

Ser yo, ya sea en futuro, pasado o presente,
aunque eso signifique ser diferente.
Las diferentes ocasiones representé quien soy,
y si el mundo termina,
alegremente diré:
«Qué alegría ser yo
y no fingir quien soy».

YHWH
Soy como soy.

GANARÉ YO

Tal vez soy una persona llena de ilusiones,
que con el corazón espera que se cumplan.
Tanta ilusión que a veces
se convierte en frustración.
Mi corazón está lleno de decisión,
decisión de hacer cumplir mis sueños;
de, aunque el miedo me intente ganar,
ganarle yo a él, saltando por el precipicio,
una caída libre de misterio y esperanzas,
rezando para no morir en el camino.
Solo espero llegar al destino correcto.

AGRIDULCE

Tal vez tu amor es mi veneno y cura a la vez,
nunca supe en realidad lo que es.
Me mata y revive al mismo tiempo.
Por eso es mi tormento y mi amor
por ti, sin saber si morir y vivir al mismo tiempo
o vivir sin tu amor aunque eso signifique morir,
ya que sin tu amor y el mío juntos
se me rompe el corazón.

MI MENTE EXPRESA LO QUE QUIERE

El trayecto de mi vida
actualmente escribo diariamente,
ya que mi mente se quiere escapar
de esta realidad.
Expreso lo que siento,
aunque sé que duele,
y mucha gente al leerlo
se quedará pensando
si el dolor o el amor ganó.
Y solo diré que ambos siguen en mi corazón,
sin ganar ninguno de los dos.

EL NEGRO

El negro es como yo,
lo es todo y nada a la vez,
son todos los colores
y ninguno al mismo tiempo.
Es algo tan complejo
y a la vez tan sencillo.
Es un color que me representa,
ya que soy todo y nada.
Mi mente es tan compleja,
pero todo se refleja en una sola frase.
Lo soy todo: loca, rara, feliz, enojada,
compleja y sencilla,
tantas cosas que ni un libro de mil páginas
me daría para escribirlas todas.
Soy el negro,
soy yo,
soy todo y nada al mismo tiempo.
Soy como soy.

YHWH

EL ARTE DE MIRARTE

No podía dejar de mirarte,
ya que arte eres.
Arte a la luz de mis ojos,
como aquel arte inspirado en el cielo,
ese que te alumbra al mirar
y solo una vez se ve.
No podía dejar de mirarte,
ya que pensé que si no te miraba
nunca más te volvería a ver.
Y doy gracias a todos
porque cada mañana
te veo amanecer.

La traición del amor

En el momento que mi amor muera,
moriré con él.
Mi corazón llorando
te intenta esperar,
pero muerto está,
llorando tu partida se ahogó,
esperando que reviva
aquella ilusión.
Te veía con amor,
ahora solo veo traición.

Ese olor a dulces

Ese olor a dulces.
Ese camino por el que cada mañana iba.
Ese árbol que todos los días veía.
Ese columpio en el que amaba columpiarme.
Ese momento me hizo recordar todo:
el olor de mi antigua casa,
el camino que caminé.
Hoy, ya siendo mayor,
el columpio ya no estaba;
el árbol, más alto y lindo.
El momento me recordaba a mi infancia

MILAGROS

Hoy vi el resplandor de la luna
en tus hermosos ojos.
Aunque enamorado ya estaba,
creo que me enamoraste más.
Hoy en la mañana,
al ver la luz del sol reflejarse en tus ojos,
solo podía pensar en lo guapa que estabas.
Aún recuerdo aquel verano
en el que nos conocimos,
aquel bosque en el que te pedí matrimonio.
Aquellos recuerdos no se borran
y te juro que, aunque muriera,
no podría olvidar nuestro amor.

LIBRE DE ATADURA

Dos corazones rotos
buscándose entre pedazos.
Ambos se curaron
para estar juntos.
Se complementan,
pero no se necesitan.
Se aman, mas no
dependen del otro.
Se buscan por comodidad,
no por necesidad.
Pelean y se enfrentan,
se arreglan y perdonan.
Se aman, mas no sienten obligación.

UNA ENFERMEDAD

Pasar esa puerta,
todos los años igual.
Aguantar a esas personas
que no saben cómo se siente.
El dolor desenfrenado
después de la cita.
Querer llorar,
doblarse del dolor,
esperar horas en un silla.
Solo rezar
y nunca perder la esperanza.
Rogar que algún día cure
y pensar que todo puedo.

MI ANSIEDAD

Solo siento ansiedad,
el pensar me tiene loca.
No sé qué decidir,
no sé qué pensar,
mi mente solo quiere descansar.
El pensar me tiene mal.
No sé qué hacer,
solo quiero dejar de sobrepensar,
solo quiero dejar de querer llorar,
por fin ver el sol brillar
y dejar de tener ansiedad.

MIS SENTIMIENTOS

Cuanta más ilusión,
más siento que voy a destrozarlo.
Cuando más lejos creo llegar,
más me vuelve a atormentar.
Controlando mi respiración,
sintiendo el hormigueo,
queriendo cerrar las manos
estrujar algo, sentir el aire no llegar.
Querer gritar,
no querer cerrar los ojos,
lágrimas saliendo de ellos.

INDESCRIPTIBLE

Solo te amo te puedo decir,
ya que no hay palabras
para describir
el amor en las cartas
que te escribí.
Al igual que en esos poemas,
todavía no palabras
para describir
el amor que siento por ti.

MI MIRADA TE HABLA

Yo no te miro de la forma
que se mira a un amigo.
Yo te miro como si fueras
el diamante más brillante del mundo.
No te miro como si fueras mi amigo.
Te miro diciendo un te quiero.
En mi destino está escrito amarte,
pero al tuyo parece no importarle.
Bajo la lluvia ando esperando
nuestro primer beso.
Qué lástima que estés tan lejos.
Solo miro al cielo esperando ver tus ojos,
en vez de ver las gotas caer del cielo.

Enamorada de tu ser

Estaba tan feliz
de ver tus ojos sonreír,
no solo porque me mires
señalando que me amas a morir
Ver el oro que tienes por ojos.
Ver los diamantes brillar al sonreír.
Tus ojos son la mejor cámara
que la dicha de ver he tenido.
Nunca me cansaría de verte sonreír,
ya que me da las ganas de vivir.
Viéndote sonreír llegaría al cielo sin morir.

TE FUISTE

Las fibras del corazón rotas están,
al igual que brotando sangre por montones.
Tu amor era la tirita
que sujetaba los trozos de mi corazón,
y de un tirón la sacaste.
Mi mano ensangrentada
intentando parar la sangre
que tu ida provocó.

Lo que pienso por ti

Nunca pensé en representar
los sentimientos del amor,
pero cuando pienso en ti
solo me vienen palabras de amor.

No te digo te amo

No te digo te amo
para no sentirlo,
para no morir,
para, cuando te vayas,
no fingir felicidad,
para que el dolor se termine ya.

Mi bella luna

Bella luna veo hoy.
Mirando al cielo vivo mejor.
El brillar de ella opaca a cualquiera,
junto al sentir las olas del mar,
rozar en mis piernas, solo tranquilidad.
Toda esa naturaleza brilla.
Amo oír las olas chocar
con la tierna arena.
Qué bonito sentir y convivir,
solo sintiendo con el corazón.
Vivo el hoy siendo feliz.

DESAFIANDO MIEDOS

Otra persona que me dice que los publique,
que se los muestre a todos.
¿Cómo le digo
que no me dijo cómo vencer al miedo,
cómo lograr que todo aquello,
lo que escribo, lo que siento,
no parezca estúpido para los demás?
¿Cómo le digo al mundo que esto soy yo?
Cada una de las palabras que escribo
son cosas que siento,
son cosas que describo.
Cada cosa que escribo, que amo.
¿Cómo le explico al mundo
que todo siempre está en mi mente,
que soy una persona polifacética
que ama las ciencias
y también le encanta escribir,
que me encanta la lluvia,
pero también amo cómo el sol brilla en mi cara?
¿Cómo le digo que no sé nada?
Y, después de todo, ¿cómo te digo que puedo,
que no tendré miedo,
que lo lograré?

Aunque sé que no me rendiré,
el camino es largo,
y espero lograrlo.

For MAEL ☺

SOLO YO Y ELLA

Musgo en tejados,
convirtiéndolos en verdosos.
La tierra húmeda por la lluvia.
Los árboles agarrados a la tierra
como el koala a su eucalipto.
El viento habla como mejor sabe hacer.
La lluvia te acaricia la cara como sabe.
El alma de la naturaleza vive amándote
como solo ella sabe hacer.
En ese momento solo importa
oír el hablar del viento
y las caricias de la lluvia.
El momento más bonito, solo yo y ella,
mi querida naturaleza.

Hoy estoy...

Hoy estoy muy feliz y triste a la vez.
Hoy comienza una aventura.
Tristemente, no me acompañan esta vez.
Feliz y muy emocionada de emprenderla.
En la maleta no cabe todo.
Hoy dejo familia y amigos.
Comenzar de nuevo sabiendo lo que me cuesta
socializar entre tanta gente falsa.
Conocer un mundo nuevo
donde no conozco nada.

MÚSICA CLÁSICA

La historia de tu vida
viajando por el mar de notas,
navegando entre lágrimas y felicidad.
Qué bonitas notas son esas
que causan emoción y melancolía.
Unos momentos de naturaleza.
Tranquilidad, qué felicidad
verte tocar, querido Mozart.
Entre otras personas,
solo te oigo tocar.

YHWH

Si no te gusta como soy,
solo te puedo decir:
Si me odias, ódiame.
Si me envidias, envídiame.
Pero si me quieres,
prepárate para soportar
tanto mi oscuridad como mi luz,
porque, así como me ves brillar tanto,
mi oscuridad es el triple de oscura.
Soy como soy, y no pienso cambiar.
Pero si me amas, prepárate para todo.
Podré ser tu mejor compañía
o la peor compañía de tu vida.
No todo lo que brilla es oro.
Si me amas o me quieres,
solo prepárate.

Pelinegro

Te vi y me enamoré.
Qué lástima no volverte a ver.
Primera vez que veo a alguien
atraerme con su presencia,
que me llame sin llamarme.
Espero que el destino nos junte otra vez.
Espero verte otra vez.

MI YO

El recuerdo del viento abrazándome,
susurrándome cosas felices.
La lluvia dándome besos y caricias.
El acompañamiento del mar
intentando llegar a mí.
Mi soledad y yo éramos muy felices.
¿Para qué querer explicar algo
que solo yo sé?
Que nadie es mejor que mi soledad
y la belleza de la naturaleza.

ME FUI

Me fui porque me dejaste,
porque no me amabas como yo a ti.
Me frustró y dolió
el simple hecho de que dijeras
que te abandoné, que te dejé yo,
cuando tú fuiste el que me dejaste irme.
Te aseguro que ese simple hecho
me dolió y me destrozó el corazón.

DE CAMINO A MI AMOR

Solo imaginar ese abrazo,
esas palabras en vida real,
por fin poder escuchar ese te amo.
Que sea verdad, que tu amor por fin sea real.
No leer más, ni imaginar,
solo sentir que es real.
Por fin regresó a verlo.

LOONER SOUL

Viendo el cielo,
esa nube solitaria
a la que llamo mi amor,
no temo a la soledad,
que ni lugar ni tiempo le importan.
No necesita nada para llegar,
solo llega sin preguntar,
no te deja contradecir nada.
Poca gente la busca,
mucha la evita.
Me miran raro por amarla,
yo aún más porque la odian.
¿Cómo odiar mi amor?
¿Cómo odiar mi compañía?
Sí, soledad es mi mejor amiga.

VOLANDO CON ALAS

Ese cielo tan hermoso
solo los que vuelan lo ven.
Tanto el amanecer como el atardecer.
Muchos colores y sin nubes.
Como un océano con el cielo de colores.
Lo miro enamorándome de él.
Tan alto como hondo el océano.
Volando lo veo y no quiero parar.

Levantar el vuelo

Momento de coger el vuelo,
de volar y no parar,
de que mi pensamiento se libre
de cadenas de titanio.
Que mi alma vuele
sin la vida que la ata,
que haga lo que ame
y no se apague.

ILUSIÓN

Tengo tanto sueño,
pero mis ojos no se quieren cerrar.
Quieren mirar todo lo nuevo,
experimentar todo lo posible,
dar mi alma a brillar.
No pensar, solo vivir
con alegría y agradecimiento.

AMOR PROPIO

Amo mi soledad,
porque yo no vivo por gente.
Vivo por mi amor,
vivo para ser feliz yo,
sin que nadie moleste.
Solo pido poder ser yo.
Yo no juzgo tu voz.
Yo no finjo ser quien no soy.

Rosa

Te ves tan hermosa como una rosa,
pero cuando te acercas pinchas
como una de ellas.
Solo pensar que no haya nadie más
que te pueda tocar.
Solo pensar que tú eres como una de ellas,
tan linda como la rosa que veo todos los días.
Qué bonita, tan delicada al igual que peligrosa.

Dilema

Me dicen que decida entre ciencias y letras,
pero siempre digo que no, que no podría.
Amo la ciencia por saber el «porqué»,
pero amo las letras para poder
expresar el «porqué».
¿Cómo dejo alguna?
Sin la ciencia, no podría saber el «porqué»,
pero sin las letras nunca podré
expresar el «porqué».
Por ello amo ambas,
porque si no amara a las dos,
no amaría a ninguna.

Lo que vi en ti

En ti no vi la máscara llamada piel,
en ti no vi la ropa costosa,
en ti no vi tu perfección.
En ti vi tu alma,
aquella de la que me enamoré.
En ti vi tu forma de ser,
en ti vi tus imperfecciones.
Por eso sé que te amo de verdad.
Me enamoré de ti, no de tus máscaras.

HASTA QUE LLEGASTE

Nunca quise nada, pero
llegaste hasta mi corazón.
Ahora solo te vivo buscando,
noche y día pensando en ti.
Me siento tan ridículo
que nunca sabría qué decirte.
¿Cómo te digo que al principio no quería nada,
pero ahora lo quiero todo,
que el amor recién comienza a palpitar?
¿Cómo te digo que nada
de lo que te decía al principio
fue verdad?
Yo ya te amaba.

ME ENAMORÉ

Me enamoré de tus tormentas,
me enamoré de tu oscuridad.
No de la luz que irradias,
eso cualquiera lo haría.
Tanta luz que el sol envidia.
Tu locura hace que me enamore
con más intensidad
que el brillar del sol
al amanecer.

Pensamientos

En mi mente tengo grabada tu voz,
al igual que tus ojos.
El sonido de tu amor
pasa por mi cabeza
al pensar en mi amor por ti,
pero qué melancolía
no poder volverte a ver.
Qué pena que solo en mis sueños aparezcas.

Lindo corazón

Lindo corazón
lleno de amor.
Máscara fría
como si fuera vacía.
Limón agrio
como mi humor.
Loca como Harley,
amándome como si fuera
mi media naranja.

CISNE NEGRO/BLANCO

Por fuera te veo como mi cisne,
por dentro eres mi lobo solitario.
Al oír tu voz percibí el dulce cantar
del lindo pajarito de cada mañana.
Eres cisne tan bonito
y por dentro mi dulce pajarito.

Sin representar
te amo más

Me dices por qué no te digo «te amo»,
y el decirte una palabra sería limitarlo.
Limitar el amor que por nada se acaba,
ese amor que con solo pensarlo
me ilumina el alma.
No me gusta limitarlo, no sería justo.
Ni con millones de palabras
alguien podría llegar a describirlo.
Parece infinito.
Infinito amor que es tan inexplicable
como el mismo amor.
Tan fuerte que representarlo sería imposible
y limitativo para él, que ilimitado es.

CANSADA

Cansada de todo, en la cama quiero estar.
Mi mente avasallada,
pensando en todo y nada al mismo tiempo,
respirando y con dolores de cabeza.
Si pienso, me dará un ataque de pánico,
pero ¿cómo decirle a mi cabeza que se calle,
que me deje respirar?
Enferma estoy y parar no es una opción.
¿Cómo me calmo, si mi cabeza no para
de decir «no puedo?
La negatividad vuela en ella
y no sé cómo parar esto.

INQUIETUD

Tengo mucha inquietud
de no saber el futuro
y de pensar que nada de lo que hago es suficiente
para avanzar, para parar de pensar
y poder por fin descansar.
Descansar de todo,
estudios y mis deseos de llegar alto,
llegar a saciar el hambre,
que límite no tiene,
llegar tan alto que ni águila
me llegue a alcanzar.
¿Cómo me centro, si mi mente
solo me atormenta?
El pensar no me deja respirar.

Risa esquizofrénica

Risa esquizofrénica,
lágrimas saliendo de ojos rojos,
música por mis oídos,
un corazón roto que no palpita más,
una cabeza sin pensamiento,
una mirada de fuerza interiormente,
una mente con altos pensamientos,
indeciso por si se cumplirán,
cree que un error dañará todo.
Un grito ahogado, más alto,
pero que nadie podrá oír.
Una nube en la cabeza que dice:
«¿Y si eso no es para ti?».
Otra controlando tu respiración.

MI ILUSIÓN LLAMADA AMOR

A veces sería tan fácil irme…
Difícil quedarme,
pero me impulsa mi ilusión,
la pasión tan grande que vive en mi corazón,
como la ilusión de un niño por su cumpleaños.
En mí vive una llamarada de fuego
a la que muchos llaman pasión.
Yo la llamo ilusión de vida por seguir con vida.
Yo la llamo el amor que tengo por mi pasión,
aquel que traspasa tiempo, lugar y personas.
Esa pasión por la que nunca miras
el tiempo del reloj,
esa por la que te despiertas con más emoción,
esa que te hace amar
las locuras que harías por tu pasión,
hasta tal punto que dejaría
de llamarla pasión y la llamaría amor.

SERÉ LIBRE

Seré libre el día que mis familiares
vistan de negro.
El día en el que haya un cuerpo inerte
y un alma contenta.
El día en el que los momentos y recuerdos
se miren desde el cielo.
El día en el que mire la tierra, la admire
y observe su belleza desde las altas nubes.
El día en el que les dé suerte y acompañe
sin acompañar a mis bellos familiares.
Tristes estarán un tiempo, pero miren al cielo;
siempre seré esa estrella que brilla
como ninguna en el firmamento.
Yo miraré contenta,
feliz de que el firmamento brille más por mí.

Amor único

Nunca nadie querrá como yo.
Único es cada amor,
pero el mío desde el corazón llegó.
Me fijo en los defectos, que únicos nos hacen,
no en las perfecciones, que comunes son.

LA MUERTE DEL AMOR

La muerte del amor no es tan distinta.
Hay gente que muere
y se cubre de oscuridad con tal de amar.
Hay personas únicas a las que cuando aman
les da igual toda la oscuridad
en la que pueden estar con tal de amar.
Y hay personas que solo quieren ser amadas
con tal intensidad.
Y hay muchas personas
que quieren amar, pero no están dispuestas
a soportar tal oscuridad.
Pero sin tal oscuridad
nadie llegaría a amar,
ya que si no quieres su oscuridad
no mereces su amor y lealtad,
que, sin duda,
casi nadie merece.

YHWH

LA LOCURA DE MI VIDA

La locura de mi vida
empezó por escribirte aquel mensaje.
Lo peor fue que me respondieras,
eso aumentó la emoción de mi vida.
Cuando me hablas me vuelvo romántica.
A veces no me gusta,
pero tu forma de ser me tranquiliza.
Eres la paz que el caos de mi mente necesita.
El momento de verte los ojos brillar
es admirar las estrellas de cielo.
Y como aquel día te escribo hoy,
este Día de los Enamorados.

LIEBE

Liebe,
palabra favorita alemana.
Creo que cuando las palabras de tu idioma
se quedan cortas
eliges saber otros idiomas,
porque a veces tu idioma
no tiene la palabra correcta
o no expresa todo lo que tu mente piensa.
Aunque a veces palabras infinitas hay,
pero ninguna expresaría todo,
todo lo que los sentimientos son capaces,
capaces de expresar el amor o el deseo.
Las palabras son muy cortas
cuando al amor se refieren.
El mar está lleno, pero no significa que haya
millones de peces como para llenarlo completo.

ABRÁZAME

Abrázame hasta que el tiempo se acabe.
Bésame hasta que el mundo se extinga.
Mírame hasta que el oxígeno
no llegue a mis pulmones.
Deja de amarme cuando un humano
toque el sol.
Acaríciame con la tranquilidad que veo el mar.
Deja de ser tú cuando mi amor se termine,
que, aunque mi tumba esté llena,
mi alma te perseguiría hasta el infierno o el cielo,
mi pelinegro de ojos claros.

R. P.

Una persona que inspira,
tan hermosa como un ramo de rosas
iluminado por la luz de la luna.
Una sonrisa que es hermosa,
que es mejor que admirar las perlas del mar,
que cuando lee es como el cantar
de los pájaros más suaves.
Por ti aprendí a amar la poesía,
me enseñaste a expresarme
en letras escritas en prosa.
Por ello agradezco a la vida
haberme dado la oportunidad
de cruzarme en tu camino.

VOLVER A VERTE

Quiero volver a verte ya,
solo vivo pensando en cómo estás.
Dime tu nombre, aunque sea su inicial;
quiero dejar de llamarte pelirrubio.
Quiero que ya sea de madrugada
para hablarte durante horas;
que me digas qué pensaste, o si me extrañaste.
Tu color de piel blanquito.
Tu alma me llama.
Quiero vivir cerca de ti.

INFINITO MUNDO

Infinito mundo,
lleno de gente,
tan único cada uno.
Tan fácil llegar al cielo.
Tan difícil vivir en la tierra.
Tan extraño vivir en ella.
Poca luz entre infinita oscuridad.

POR EL CRISTAL

El sol escondiéndose,
pero iluminando el cielo.
Nubes moradas al igual que rosas,
con el acompañamiento del cielo azul.
Por el cristal veo el resplandor
del cielo con el sol,
plantas con flores de cuarzo rosa,
montañas sombreadas de azul.
Todo paisaje que a través de los ojos veo.
Tanta belleza solo si te paras a pensar
y mirar a través de la felicidad.

Extraño sentimiento

Extraño sentimiento
del que te dice «sigue» sin razón.
«Solo sigue», te dice
ese que sabes que tienes mil pasiones,
pero no sabes cuál cautivar,
en cuál triunfar, en cuál ganar.
Tu mente se siente llena,
pero, sin estarlo, te frustras
por no saber cuál elegir.
Soy polifacética,
pero ¿cómo decirle a todas
que elijo una,
cuando amo todas?
Tanto que cuando fallo
en alguna siento que muero.
¿Cómo decido,
si elegir significa matar
una parte de mí?
Y cuanto más tiempo tardo,
más me frustro,
me hace perder lo que más amo.
Ser polifacética significa vida,
y el acabar con una significa
la muerte de mi vida.

ACCIÓN

Tomo acción por fin,
difíciles obstáculos,
los peores vienen de mi mente,
mente que es amiga y enemiga,
cada vez más amiga.
Siento que voy superando,
pero hay recaídas
en las que siento que no puedo
por mi enemiga, pero ella misma
me quiere sacar de mi peor momento,
no se decide por ayudarme o matarme.
Supongo que como nada puede matar
mi ilusión, y más cuando de pasión se trata,
solo ella me puede hacer dudar y hasta matar.
Qué rara ella, que a veces ayuda y a veces no.
Pero yo soy la que la controla, no ella a mí.

MAR

Subiendo y bajando,
con espuma al final.
Te estoy hablando del mar,
tan tranquilo y fuerte a la vez
que reluce, siendo él
a veces tan grande y misterioso
que conociéndolo me conozco.
Disfruto del sol y su sonido
tan tranquilizador,
que es mejor que una serenata.
Todo él me da que pensar.
El mar es el reflejo
de la naturaleza
siendo amada,
pero poco respetada.

FALSEDAD

Vida de revista,
vida sin compañía.
Lo real deja de ser importante
sustituido por la falsedad,
la nueva moda
hasta que llegue la siguiente.
Estilos de vida más falsos
que la misma inmortalidad.

¿POR QUÉ?

¿Por qué hoy?
¿Por qué no mañana?
Tal vez porque no sé si moriré mañana,
hoy en la noche
o dentro de cuarenta años.
Por eso empiezo ahora,
ya la ilusión no puede esperar más.
Los sueños me llaman,
solo quieren salir a la realidad.

¿CÓMO TE DIGO ADIÓS?

¿Cómo te digo adiós,
si mi mundo estaba siempre a tu alrededor,
si tú eras la persona por la que latía mi corazón?
Decidiste fiarte de la imagen de los demás
en vez de la tuya,
mirarme a través de otros ojos
que no eran los tuyos.
Mataste el amor aun amándome con el corazón,
rompiste el reloj de nuestro amor.
Sigo reuniendo pedazos,
pero te quedaste demasiados,
al igual que una parte de mi corazón,
mi fortaleza y mi debilidad.
¿Cómo te digo adiós,
mi querida arma de doble filo?

SONREIRÉ

Sonreiré el día que mire al horizonte
teniendo la vida que siempre esperé,
el día que por fin te tenga a mi lado.
Vivo y disfruto el mundo como niña.
La gente que me ama ama verme disfrutando,
disfrutando de que vivo sin tapujos,
amando cada día, disfrutando mi amanecer,
amando mis días tristes y felices por igual,
amando que mi mente no deje de pensar.
Vivo en paz, la mejor felicidad.
Gracias, querida paz, por dejarme acompañarte.

LLORÉ

Hoy lloré como tormenta,
tan fuerte que dolió mi corazón,
un rayo tan fuerte que lo partió en dos.
No lloré por lo que pasó hoy,
lloré por todos los días que callé.
Lloré tanto que mis ojos parecían nubes
y mis lágrimas la lluvia, tan fuerte
que dolió el simple hecho
de que la tormenta era yo.

LA PASIÓN

La pasión solo me llamó,
llegó y me llenó,
tanto que ya no recuerdo
cómo era antes.
Ahora me levanto con ilusión,
ya no miro el reloj,
ya no es obligación,
ahora es pasión.

LO QUE VALGO

Ya comencé,
y elegí no rendirme.
Me acordé
de que nunca me importó la gente,
de que solo pienso en mi bienestar.
La gente lo llama egoísmo,
yo lo llamo «darme mi lugar»,
saber lo que necesito,
amar todo lo que hago,
mis errores y aciertos.
La vida se iluminó
al darme cuenta de lo que valgo.

Oro en mis grietas

Puse oro en mis grietas,
se volvieron muy fuertes;
tanto que, en vez de debilidades, son fortalezas.
Brillan como marcas,
pero me enorgullecen
como si fueran diamantes
brillando a la luz del sol,
como el propio oro
me ilumina en la oscuridad
y a la luz del sol.
En vez de grietas vacías,
están cubiertas con oro y diamantes,
y eso es más perfecto que lo perfecto,
porque roto renació de nuevo.

CAMBIAR DE VIDA

Cambiaría de vida
con tal de que nuestras emociones
cuadren en esta historia.
Tú comprendiste y aceptaste
mi libertad, mi distinta forma de amar,
viste mi belleza en no ser igual a los demás.

NUEVA AVENTURA

Nueva aventura
llena de levadura,
misterio y acecho
en cada esquina.
Solo busco la verdad.

CIENCIAS Y LETRAS

Ya no sé qué amar,
si las letras,
que embellecen mi alma,
o ciencias que desafíen mi cabeza.
Tal vez seguir sendero propio,
pero mi cabeza moriría mentalmente.
Me irrita mi indecisión.
Qué agonía no saber por qué camino caminar.

AMOR FALSO

Amor ciego dicen por ahí.
Amor falso digo yo,
porque si para ver los defectos estás ciego,
igual eres ciego para saber
lo que es el amor verdadero.
El amor no te cohíbe ni te engaña,
solo nos engañamos nosotros mismos
por intentar tener una ilusión.
Hacemos intentos de llegar a esa perfección
siendo pura imperfección.

AMOR NO DESTINADO

Amor no destinado,
que parece pura obsesión.
Qué lástima que mi corazón
se fíe de mi díscolo amor.
Aunque mi cabeza sepa la verdad,
mi corazón se niega a aceptarla.

NUNCA

Nunca olvidaría a alguien
que me amó como tú lo hiciste,
que tan importante fue en mi vida.
Cambié de ciclo, pasé la página,
pero eso no quiere decir
que deje de pensar en ti.
Tampoco que pare de seguir.

DE VEZ EN CUANDO

De vez en cuando te vuelvo a pensar.
Me pregunto cómo estarás.
Ya no te he vuelto a ver
por haber seguido caminos distintos.
Eso no quita que quiera que estés bien.
Hoy comprendo por qué
nos tuvimos que separar,
y solo me puedo alegrar
de que el destino nos separó,
porque era lo mejor.

TANTOS HUBIERA

Te hubiera dicho
que te amaba día y noche.
Te hubiera abrazado hasta el amanecer.
Hubiera besado y abrazado tus heridas
hasta que dejaran de doler.
Me hubiera quedado a tu lado.
Hubiera, hubiera, tantos hubiera
que hoy solo te recito aquellos hubiera
que hubiéramos sido,
pero nunca fuimos y nunca seremos.

CABEZA INQUIETA

Inquieta es la cabeza
que porta la corona.
Muchas grandes metas
implican demasiadas dudas,
momentos de quererse rendir,
caminos difíciles por los que ir,
parecen no tener fin.
Qué alegría tener la cabeza para seguir.

Error

Error cometido
sin caer al precipicio.
Mejor alivio nunca ha existido.
Entre punta y suelo.
Juego todavía no perdido.
Mitad ganado,
mitad perdido.
Ya está decidido.
La tormenta ha ganado.

A VECES

A veces nuestra mente nos dice
cosas que no son,
y aunque tengamos alguien
gritándonos que nos ama,
no lo oímos, y muchas veces
no nos creemos merecedores de ese amor.
Nos centramos en las cosas malas
que nos dice la cabeza,
sin oír a nuestro corazón.
Ponemos mil excusas
porque pensamos
que es lo mejor para
la otra persona.

TE AMO

Te amo,
pero estás mejor sin mi caos.
Sé que todos los días me dices «te amo»,
pero no quiero que mi oscuridad te atrape.
Quiero que tu luz perdure para siempre
aunque eso signifique perderte.
En la libertad de mi amor,
elegí amarte para siempre.
Aunque no estés a mi lado,
aunque la sangre no corra
y el caballo de mi corazón
muera lentamente
mi alma estará feliz
de que estés feliz,
aunque sea sin mí.

Corazón versus razón

Mi corazón quiere ver
cada maldito
recóndito lugar de tu alma,
pero mi cabeza dice que no
es tiempo ni lugar,
que sigamos hasta el cien por cien,
hasta que sanemos por completo.
Mi corazón dice que ya es tiempo,
que no esperemos más.
Lástima que no sepas de mi existencia.
Y tal vez nunca lo sabrás.

No te amo, pero conociéndote llegaría a hacerlo. De
momento, me atrae tu físico
y espero quedarme por tu cabeza.
Espero que no sea un error
por el que luego diga que no vi por la ceguera.

TE FUISTE

Me perdiste, te fuiste.
Dolió, dolerá y duele
solo el pensar
que te fuiste,
que mi amor no fue suficiente
para que te quedaras.
Loca por pensar
que un amor de primavera
se quedaría todo el año,
cuando todos sabemos
que todo es estacional.

NO HAY HORA NI LUGAR

No me interesa un te quiero
que sea pasajero,
y tampoco busco un te amo,
aunque sea verdadero.
Porque el amor llega inesperadamente,
no hay hora ni lugar.
Solo llega cuando quiere llegar.

ESPERANZA

Nunca pierdas la esperanza.
La vida es tristeza,
al igual que felicidad.
El mundo es caótico,
pero contiene paz.
La tristeza es momentánea,
al igual que la felicidad
si no la sabes cuidar.

ELLA

Ella dejó de buscarlo
y pasó a solo encontrarlo.
Ella dejó de necesitarlo
y aprendió solo a amarlo.
Ella dejó de pensar en la posibilidad
de ganar y pasó a solo ganar.
Ella dejó de menospreciarse
y pasó a por fin poder amarse.

EMPEZÓ A AMAR

Empezó a amar el amanecer.
Empezó a amar el anochecer.
Empezó a amar todo a su alrededor
cuando dejó de odiarse en el/su corazón.

Estrella brillante

Ya no ve las estrellas brillar,
ahora ve cómo brilla ella.

AMOR FINGIDO

Las ratas huyen en el peor momento
(solo para salvarse)
y vuelven en el momento
de tu superación.
Dicen ser amigos,
pero solo quieren comer a tu costa,
y cuando no les puedas dar de comer
se irán a comer a otra parte.
Por ello sabemos que solo fingen amarte.

El libro

Eres el libro que nunca terminé de leer,
el libro del que más quise aprender.
Me memorizaba cada palabra y página,
tal vez por eso no lo terminaba de leer.
Tardé tanto que no me dejaste acabarlo
ni terminar de amarlo.

INCERTIDUMBRE

Octava vez que veo el correo.
Es muy difícil esperar
sabiendo que hay posibilidad de ganar,
y aún más difícil no pensar
en la posibilidad de perder.
La incertidumbre me acecha el corazón.

Pensamientos

Últimamente no dejas mi cabeza,
solo veo tu sonrisa
y tu pelo azabache,
esos ojos con la mirada de lobo.
Cómo desearía que acecharas
y me miraras como yo te miro.

HUMO

Solo humos somos,
humo que aparece y desaparece
de la vida de la gente.
Distintos humos cada uno,
pero misma reacción.
Unos de larga duración,
pero otros de tan poca duración.
Todos somos la mejor reacción
con la persona correcta
y formamos bombas tóxicas
con la persona incorrecta;
pero, como cualquier humo,
nuestro destino es desaparecer.

YHWH

NO QUIERO QUE ME DUELA

El silencio se perpetúa en mi corazón,
que quiere ser ciego para no ver tus ojos
ni esa sonrisa que me encandila.
Mi mente dice basta,
que no te observe más
para que no me atraigas más.
Dentro de poco dejaré de ver tus ojos
y no quiero que me duela de más.
Quiero pasar a tu lado sin que quiera
que nuestros ojos conecten.
Quiero dejar de querer ver tu alma,
no quiero que me duela de más.
Sí, me voy sin leerte este poema.
No quiero que me duela no decir adiós.

¿QUÉ PASARÍA?

Estoy mal de la cabeza,
no puedo parar de pensar
en qué pasaría si no te pensase,
en qué pasaría si me miraras como te miro yo,
en qué pasaría si simplemente
no me hubiera fijado en ti
y, sobre todo, en qué pasaría si te hablase.
Mi mente dice que ni lo imaginemos,
que no seamos masoquistas,
mientras que mi corazón
ya sabe hasta cómo iniciar la conversación.

LO OLVIDARÉ

Ya conté tus lunares,
al igual que te podría decir
cuántas sudaderas tienes.
Me tiene mal saber tanto de ti.
Solo te puedo decir
que, aunque tarde, lo olvidaré todo.
Mi mente y mi corazón
por fin están de acuerdo
y dijeron adiós,
porque sé que para ti
nuestro amor murió.

TE SIGO AMANDO

Te sigo amando
como el primer día.
Sigo admirando
esa luz que te hace brillar
cada día.
Nunca cambió mi percepción
del amor,
sigo amando con el corazón.
Ya no me entretiene verte a los ojos,
ahora lo amo.
Ahora me entretiene
verte cumplir tus metas,
lo he tomado como una afición.
Te sigo amando
aun creciendo en mi interior.

Emoción

Emoción, lo que hace latir mi corazón.
Solo por eso, sé que viva estoy.
No necesito más que el latir de mi corazón.

EL AUTOR

Él nació con el don de un dios.
No describe la realidad,
crea una con letras,
muestra a los demás su mundo interior.
Ese es el autor
que escribe desde su corazón.

Heridas con alas

Las heridas duelen,
duelen como nada en el mundo,
aún más si son del alma.
Pero hay dos opciones:
o te hundes con ellas
o haces que sean heridas con alas
que te impulsen, que te hagan volar,
que sean una motivación de superación.
Vas a tener la herida sí o sí;
creo que es mejor que vueles con ella
a que te hundas en ella.
Lo mejor es que pueden ser heridas con alas.

MIEDO

Tengo miedo,
es normal sentirlo.
Lo único que quiero
es no sufrir por pensar.
Pensar que si a lo mejor
me dicen que no,
y sé que dolerá este no
como ninguno,
sería negar algo de mi alma.
Dolería, dolería mucho,
pero eso no me va a impedir saltar.

EL FIN

Este no es el fin,
este va a ser el libro de mis sueños,
un libro que solo es el comienzo,
que refleja enseñanzas de la vida;
cosas que, a mi corta edad,
se han quedado en mi cabeza.
Voy a seguir expresando lo que siento,
no voy a dejar que la llama
de mi corazón se apague.
Esto no es un adiós, es un hasta luego.
Los sueños se cumplen,
y este es uno de ellos.

¿FINAL FELIZ?

Esto no tiene un final feliz,
por ello sé que no es el final.
Es un sueño de millones de ellos.
Solo cuento el proceso,
el proceso de una vida
y enseñanzas de ella,
a veces dolorosas,
a veces felices.
Así es la vida.
La vida a veces
es como una montaña rusa,
altos y bajos por igual,
pero nunca se sabe el final,
salvo el de la muerte.
No se sabe el mañana,
solo el hoy.

Índice